Helene Erwin

(Sozial)Raum - ein Bestimmungsversuch

GRIN Verlag

Bibliografische Information der Deutschen Nationalbibliothek:

Die Deutsche Bibliothek verzeichnet diese Publikation in der Deutschen National-
bibliografie; detaillierte bibliografische Daten sind im Internet über http://dnb.d-
nb.de/ abrufbar.

Impressum:

Copyright © 2008 GRIN Verlag GmbH
Druck und Bindung: Books on Demand GmbH, Norderstedt Germany
ISBN: 978-3-640-22289-6

Dieses Buch bei GRIN:

http://www.grin.com/de/e-book/118628/sozial-raum-ein-bestimmungsversuch

GRIN - Your knowledge has value

Der GRIN Verlag publiziert seit 1998 wissenschaftliche Arbeiten von Studenten, Hochschullehrern und anderen Akademikern als eBook und gedrucktes Buch. Die Verlagswebsite www.grin.com ist die ideale Plattform zur Veröffentlichung von Hausarbeiten, Abschlussarbeiten, wissenschaftlichen Aufsätzen, Dissertationen und Fachbüchern.

Besuchen Sie uns im Internet:

http://www.grin.com/

http://www.facebook.com/grincom

http://www.twitter.com/grin_com

Fachbereich 06: Erziehungswissenschaften

Sommersemester 2008

Referatsausarbeitung:

(Sozial)Raum – ein Bestimmungsversuch

von

Helene Erwin

Inhaltsverzeichnis

1. Der Raum-Begriff im Allgemeinen und speziell in den Sozialwissenschaften

Raum, der; -[e]s, Räume: **1.** *von Wänden, Boden und Decke umschlossener Teil eines Gebäudes* […] **3. a)** *geographisch-politischer Bereich: der mitteleuropäische R.* […] **b)** *Bereich, in dem etwas wirkt:* der kirchliche, geistige R. **sinnv.:** Aktionsbereich, Wirkungsbereich, Wirkungsfeld. **4.** *in Länge, Breite und Höhe nicht eingegrenzte Ausdehnung:* […].1

Im Allgemeinen wird unter einem Raum etwas verstanden, das, wie ein Hohlmaß, mathematisch und physikalisch ermittelt werden kann und durch die Höhen-, Längen- und Breitenangaben bestimmt ist. Der Wirklichkeitsbegriff des Raumes wird also dargestellt, da die Definition dazu eine fixierte Einheit beschreibt, die kontextunabhängig ist. Dass der Raum aber „eine an den Menschen und seine Kultur gebundene ‚Dimension' sei"[2], wird von der Gesellschaft größtenteils geleugnet.

Der mittelhochdeutsche Wortursprung des Begriffs *Raum* weißt jedoch auch „*einestheils [auf] die bedeutung des freien platzes und der weite mit ihren ausläufern*"[3] hin. Der hier erwähnte *freie Platz* ist nicht gezwungenermaßen als ∃ rtlichkeit zu verstehen, sondern kann auch unter einem sozialen Aspekt gesehen werden, auf den im Folgenden näher eingegangen wird..

> Der Raum ist kein [...] allgemeiner Begriff von Verhältnissen der Dinge überhaupt, sondern eine reine Anschauung. Denn erstlich kann man sich nur einen einigen Raum vorstellen, und wenn man von vielen Räumen redet, so verstehet man darunter nur Teile eines und desselben, alleinigen Raumes. Diese Teile können auch nicht vor dem einigen allbefassenden Raume gleichsam als dessen Bestandteile (daraus seine Zusammensetzung möglich sei) vorhergehen, sondern nur *in ihm* gedacht werden. Er ist wesentlich einig, das Mannigfaltige in ihm, mithin auch der allgemeine Begriff von Räumen überhaupt, beruht lediglich auf Einschränkungen.[...][4]

Der Philosoph Immanuel Kant spricht in seinem Werk *Kritik der reinen Vernunft* von einem Raumbegriff, den er für sich definiert hat. Raum stellt hier eine gegebene Größe dar, die unendlich, doch *subjektiv* zu sehen ist; nicht der Inhalt des Raumes ist konkret benannt, sondern der Raum macht Namenloses anschaulich. Das bedeutet, dass der Raum-Begriff ein relationaler ist. Genau wie in den Sozialwissenschaften ist dieser „kontextunabhängig und

---

1 Müller, Wolfgang (Hrsg.): Schülerduden „Bedeutungswörterbuch". Wortbildung und Wortschatz. 2. Auflage. Manneim/Leipzig/Wien/Zürich: Dudenverlag 1986, S.295.
2 Kessl, Fabian, Christian Reutlinger: (Sozial)Raum - ein Bestimmungsversuch.. In: Sozialraum – eine Einführung. 1. Auflage. Wiesbaden: VS Verlag für Sozialwissenschaften 2007, S.20
3 Deutsches Wörterbuch von Jakob und Wilhelm Grimm. http://germazope.uni-trier.de/Projects/DWB. Stand: 13.09.2008
4 Kant, Immanuel: Kritik der reinen Vernunft. 2. Auflage. Hamburg: Meiner Verlag 1998. S.99.

unter Umständen sogar überhistorisch [b]estimm[t] [...]"[5.] Die „jeweilige Relation aus historisch-spezifischen Raumordnungen und den jeweiligen politischen Kämpfen" entscheiden darüber, in wie fern von einem Raum die Rede ist.

„Räume sind keine absoluten Einheiten, sondern ständig (re)produzierte Gewebe sozialer Praktiken."[6]

1.1 Der absolute und der relative Raum

Der absolute Raum ist nach dem Physiker Carl Friedrich von Weizäcker „mit dem Bild der ‚Mietskasernen', in die Körper einziehen", zu beschreiben. „Die Gebäude selbst bestehen bereits und geben den Körpern einen bestimmten Rahmen vor."[7] Zu verstehen ist dieser Raumbegriff also als eine Art Container, in dem sich Körper befinden, die von dem besagten Rahmen umgeben sind. Diesem künstlich konstruierten Raum fehlt jedoch das Lebendige und Natürliche.[8]

Dieser Definition steht die relative Raumvorstellung gegenüber. „Räume [repräsentieren] Formen idealer Ordnung, die in der schöpferischen menschlichen Kraft fußen." Gottfried Wilhelm Leibniz ist der Auffassung gewesen, dass erst Körper in einem Raum dessen Struktur bilden. Hierbei ist die Lage der Körper zueinander wichtig, denn nur durch sie ergeben sich die Verhältnisse zueinander und der Raum wird dadurch existent. Eine genaue Bestimmung des relativen Raums ist nicht möglich, denn der jeweils eingenommene Blickwinkel auf ihn verändert die Definition. Eine Begriffserklärung ist somit subjektiv und nicht eindeutig.

1.2 Der Sozialraum und der Raum

Der Begriff des Raums ist nicht mit dem Sozialraum-Begriff gleichzusetzen. Dem Raum wird eine Definition zugeschrieben, die als unwiderruflich gegeben betrachtet wird. Der Sozialraum verfügt nicht über diese, da seine Begriffserklärung ergänzungswürdig ist. In dem zweiten Fall ist der „Raum [...] immer das Ergebnis menschlichen Handelns"[9]. Parallel dazu kann die

---

5 Kessl, Fabian. Ebd. S.19.
6 Kessl, Fabian: Ebd. S.19
7 Kessl, Fabian: Ebd. S.20
8 Kessl, Fabian: Ebd. S.24
9 Kessl, Fabian: Ebd. S.23

absolute und die relative Raumbestimmung genommen werden. Die Sozialraumperspektive richtet sich an den „von [...] Menschen konstruierten Raum der Beziehungen, der Interaktionen und der sozialen Verhältnisse[n]."[10] Für diese Zusammenhänge steht das Präfix *sozial* vor dem Raum. Die agierenden Subjekte in diesem von ihnen konstruierten Handlungsraum werden beobachtet und nicht nur der verdinglichte Ort (Objekt). Am Beispiel der Stadtentwicklung werden meist nur die Räume, aber nicht die betroffenen Sozialräume berücksichtigt. Da das absolute Raummodell der Komplexität und Heterogenität der Menschen nicht gerecht wird, ist der relationale Raum eine bessere Alternative. Soziale Beziehungsstrukturen der Beteiligten sind berücksichtigt und werden in die Handlungsweisen und Konstruktionsprozesse eingebunden. „*Räume sind keine fixierten Einheiten, die sozialen Prozessen vorgängig [Präskription[11]] sind, sondern selbst ein Ergebnis dieser Prozesse. Allerdings sind sie zugleich auch wiederum ihr Bestandteil [Prägung[12]].*"[13] Von den Menschen konstruierte Raumordnungen wirken relativ unabhängig von dem Konstruktionsprozess auf die Handlungsvollzüge ein. Die Räume werden materialisiert.

Alle in einer Gesellschaft lebenden Menschen tragen zu einer Sozialraumbildung bei. Durch die unterschiedlichen Positionen besteht eine ungleiche Machtausübung, die wiederum nicht zu gerecht verteilten und ausgeprägten Sozialräumen führt. Diese konstruktivistische Raumtheorie[14], das Soziale wird durch den Raum und dessen Gestaltung beeinflusst, steht im Gegensatz zu der materialistischen[15] Raumtheorie; die Beeinflussung des Raums durch soziale Ordnungen, wobei die Ökonomie der Menschen wichtig ist. Wird die materialistische Soziale Arbeit jedoch übertrieben und dem eigentlichen Raum steht keine Bedeutung mehr zu, ist dies unakzeptabel. Ein relationaler Raumbegriff ist verpflichtend. Die konstruktivistischen und materialistischen Aspekte müssen aufeinander abgestimmt werden, denn „die Rede vom Raum

---

10 Kessl, Fabian. Ebd. S.23
11 Kessl, Fabian. Ebd.S.32
12 Kessl, Fabian. Ebd. S.32
13 Kessl, Fabian. Ebd. S.24f
14 **Konstruktivismus:** *Lehre, die ein herleitendes, methodisch konstruierendes Vorgehen vertritt und darauf basierend verschiedene, unter anderem erkenntnis theoretische Schlüsse zieht.*
    Dudenredaktion (Hrsg.): Duden. „Das Fremdwörterbuch". Band 5. 7. Neu bearbeitete und erweitere Auflage. Mannheim/Leipzig/ Wien/Zürich: Dudenverlag 2001. S.536
15 **Materialismus:** *philosophische Lehre, die die ganze Wirklichkeit (einschlie?lich Seele, Geist, Denken) auf Kräfte oder Bedingungen der Materie zurückführt.*
    Dudenredaktion (Hrsg.): Duden. „Das Fremdwörterbuch". Band 5. 7. Neu bearbeitete und erweitere Auflage. Mannheim/Leipzig/ Wien/Zürich: Dudenverlag 2001. S.612

und die Ordnung des Räumlichen sind [...] notwendig aufeinander verwiesen."[16] Es ist daher nötig, die räumlichen Konstruktionsprozesse mit dem historisch entstandenen und dabei immer politisch umkämpften Ordnungen des Räumlichen zu kombinieren. Aus diesem Grund wird nicht nur vom *Raum*, sondern vom *Sozialraum* gesprochen. Dieser Sozialraum ist ein Produkt, das eine „Beziehung [...] verschiedene[r] Instanzen einer Gesellschaftsstruktur"[17] darstellt. Die Abwendung vom absoluten Raumbegriff und den Anschluss an den umfassenden Begriff des sozialen Raumes werden hiermit symbolisiert.

1.3 Die natürliche und die konstruierte Raumordnung

Die Wechselwirkung des Sozialraums mit der Gesellschaft wird anhand eines Beispiels deutlich. Der Raum, der für den Rahmen eines Bild steht, und das Innere, das durch das Bild vertreten wird, bilden eine wechselwirkende Einheit. Ein Rahmen betont das Innere und hebt es hervor; das Bild wird durch den Rahmen von der Welt abgeschnitten. Für die Gesellschaft bedeutet das, dass „ihr Existenzraum von scharf bewußten Grenzen eingefaßt"[18] und somit als „innerlich zusammengehörig[...] charakterisiert"[19] ist. Umgekehrt ist „die wechselwirkende Einheit [gegeben], [denn] die funktionelle Beziehung jedes Element zu jedem gewinnt ihren räumlichen Ausdruck in der einrahmende[n] Grenze."[20]

Eine Staatsgrenze ist die räumliche Trennung zwischen den Einwohnern des Landes und Bevölkerungsgruppen anderer Staaten. Die Überquerung der staatlichen Grenzen ist relativ einfach, je nachdem über welche Staatsbürgerschaft verfügt wird. Entweder wird der Grenzübergang zur unüberwindbaren Barriere oder aber ist ohne Probleme möglich.

Unterschiedliche Sprachen symbolisieren eine soziale Grenze zwischen den Ländern, wenn die betreffende Sprache nicht gesprochen beziehungsweise verstanden wird. Diese räumlichen Markierungen werden nicht durch unterschiedliche Sprachen gekennzeichnet, sondern „ist das Ergebnis spezifischer historischer Staats-

---

16 Kessl, Fabian. Ebd. S.26
17 Kessl, Fabian. Ebd. S.22
18 Kessl, Fabian. Ebd. S.34
19 Kessl, Fabian. Ebd. S.34
20 Kessl, Fabian. Ebd. S.34

bildungsprozesse. Die Staatsgrenze ist somit selbst ein räumlicher Ausdruck sozialer Prozesse."[21] Die Einwohner des jeweiligen Landes bestimmen den sozialen Raum und nicht die baulichen Grenzen an sich. Das „menschliche Tun ist nicht direkt von räumlichen Zusammenhängen abhängig, allerdings auch keineswegs unabhängig von diesem."[22]

2.0 Was verbindet den Sozialraum mit der Sozialen Arbeit?

Soziale Arbeit versteht sich als Handlungswissenschaft und damit als Profession, Disziplin, Lehrfeld und Forschungsfeld. Ziel der Sozialen Arbeit ist, in der akuten Situation, die Abwendung bestehender Notlagen (wirtschaftliche, soziale, kulturelle) und vorbeugend die Reduktion oder die Verhinderung sozialer Probleme und die Förderung von gesellschaftlicher Teilhabe.[23]

In jeder Sozialstruktur gibt es Probleme, die nicht alleine bewältigt werden können. Die ungleich verteilte Macht an die Menschen der Gesellschaft, zum Beispiel durch unterschiedlich hohe Einkommen, ist in der Sozialraumgestaltung ein Problem. Hierbei greift die Soziale Arbeit und hilft den Benachteiligten, ihre Ressourcen zu erkennen, stärken und diese für sich optimal zu nutzen. Beihilfe bei Ungleichheiten und Ungerechtigkeiten, genau wie Krisen und Notsituationen beinhaltet unter anderem das Arbeitsfeld. Ein Sozialraum ist ohne Soziale Arbeit nicht möglich. Sie übernimmt unterschiedlichste Aufgaben und Unterstützungsformen im persönlichen, sowie auch gesellschaftlichen Lebensbereich. Die Ver- und Bearbeitung von Lebenssituationen mit Hilfe von Motivation, (Re)Sozialisationen, Empowerment, lebensweltorientierte Hilfestellungen beziehungsweise die Responsibilisierung, Präventionen, Kurationen oder Rehabilitationen des Klientel, ist ein geringer Teil der Möglichkeiten von Sozialer Arbeit. Die Arbeit erfolgt praxisnah, da die Professionalität in sozialen Problembereichen gegeben ist.

Die Jugendhilfe – Soziale Arbeit Frankfurt, Jugendbildung Hessen stellen seit 1981 Angebote für Jugendliche im Alter von 14-25 Jahren auf nationaler und internationaler Ebene. Sozial benachteiligte Jugendliche in Europa erfahren in dieser Institution eine demokratische

---

21 Kessl, Fabian. Ebd. S.32
22 Kessl, Fabian. Ebd. S.33
23 http://sozialarbeitsnetz.de/Soziale-Arbeit-Defin.170.0.html, Stand: 09.10.2008

Entwicklung durch „Seminare und Projekte zu jugendpolitischen und kulturellen Themen"[24] im nationalen Bereich und „Jugendkonferenzen, Jugendbegegnungen, Internationale Fachtagungen zu Fachfragen des sozialen Alltags"[25] in einem internationalen Rahmen. Besonderes Augenmerk wird auf die „Sensibilisierung für interkulturelle Bildung für Jugendliche und Multiplikator/-innen"[26] gelegt. Detailliert werden Begriffe wie Toleranz gegenüber anderen Kulturen und interkulturellen Prägungen gelehrt und vermittelt. Handlungskompetenzen von Jugendlichen bezüglich anderer Kulturen und Gesellschaften sollen erweitert werden. Erfahrungen der Seminarteilnehmer werden ausgetauscht und Reflexionen finden statt.[27]

Das Menschenbild Carl. R. Rogers, dass jeder Mensch den Willen, die Fähigkeit und die Kraft hat, sich selbst zu helfen, nimmt einen Teilaspekt ein. Durch eine Hilfeplanerstellung werden für die Menschen (Teil)Ziele gesetzt, die bei einer Konkretisierung eher erreicht werden als nur durch schwammige Prophezeiungen. Wenn Unzufriedenheit deutlich aufgezeigt wird, wird ein Wunsch nach Änderung erzeugt. Diese Änderungen werden durch konkretes Handeln angestrebt. Das alte Verhaltensmuster muss dafür durchbrochen werden, was jedoch anfangs als Störung wahrgenommen werden kann. Bei diesen Störungen müssen Anlaufstellen für Motivation und positive Bestärkungen geboten werden, um an dem Konzept festzuhalten.

2.1 Die Sozialraumorientierung

Die Wechselbeziehungen zwischen den sozialökonomischen Vernetzungen von Menschen und dem physischen Raum wird durch die Sozialraumorientierung versucht, optimal zu nutzen. Die Sozialraumorientierung als ein professionelles Konzept der Sozialen Arbeit ist methodisch und strukturell gesehen sehr umfangreich, wie zum Beispiel die an den Alltag und

---

24 http://www.internationaler-bund.de/ib/index.jsp?contentPage=location/LocationView.jsp?locationID=188
(Stand: 09.10.2008)
25 http://www.internationaler-bund.de/ib/index.jsp?contentPage=location/LocationView.jsp?locationID=188
(Stand: 09.10.2008)
26 http://www.internationaler-bund.de/ib/index.jsp?contentPage=location/LocationView.jsp?locationID=188
(Stand: 09.10.2008)
27 http://www.internationaler-bund.de/ib/index.jsp?contentPage=location/LocationView.jsp?locationID=188
(Stand: 09.10.2008)

das Netzwerk des individuellen Klientels angepasste lebensweltorientierte und systemische Hilfe.[28] Hierbei ist die Beobachtung der Situation aus einem neutralen Blickwinkel wichtig und auch erforderlich, denn die Helfenden und Berater müssen den Fall im gesamten Kontext beziehungsweise im täglichen Leben kennen lernen.[29] Hierbei erfolgt eine Ressourcen-beobachtung, um diese für die Klienten optimal nutzbar zu machen und die Kompetenzen ihrerseits zu fördern. Die Offenheit gegenüber der Helfenden ist nötig, um die maximale Hilfestellung erreichen zu können. Die Beibehaltung der Ressourcen der Klienten im Sozialraum ist wichtig, um eine erfolgreiche Integration in den gewohnten Lebensraum, der Kultur und der Gesellschaft zu schaffen. Gesondert angefertigten Situationen und Settings sind nicht brauchbar. Konflikte können darin nicht mit den betroffenen Gruppen erarbeitet und gemeinsam im dementsprechenden Nahraum bewältigt werden.[30]

Sozialräume sind, laut Jane Jacobs, auf 3 Ebenen zu betrachten: Die von den Einwohnern definierten Nachbarschaften, die von den Ressourcen der einzelnen Bezirke abhängig sind, die wiederum auf die Städteplanung angewiesen sind. Die Arbeit muss sich daher in allen 3 Schichten, aber auch dazwischen abspielen.[31] Es muss fallunspezifisch gearbeitet werden, um die Netzwerke und Ressourcen im Sozialraum aus einer neutralen Position betrachten zu können. Hier werden nicht nur Träger von Organisationen aktiviert, sondern auch die Einwohner selbst.[32] Die Organisationen werden mobilisiert und flexible gemacht, um auf das Problem beziehungsweise die Nachfrage angepasst zu sein Sie bleiben zugleich auch integrationsfähig.[33]

---

28 http://www.petra-kelly-stiftung.de/sites/pdf-doku/Budde_Fruechtel_SozialraumorientierteSozialeArbeit_Aufsatz_NDV_Juli2006.pdf, S.3f (Stand: 09.10.2008)

29 http://www.petra-kelly-stiftung.de/sites/pdf-doku/Budde_Fruechtel_SozialraumorientierteSozialeArbeit_Aufsatz_NDV_Juli2006.pdf, S.3f   (Stand: 09.10.2008)

30 http://www.petra-kelly-stiftung.de/sites/pdf-doku/Budde_Fruechtel_SozialraumorientierteSozialeArbeit_Aufsatz_NDV_Juli2006.pdf, S.4 (Stand: 09.10.2008)

31 Jacobs, Jane. Tod gro?er amerikanischer Städte. In: Die Stadt in der Sozialen Arbeit. Ein Handbuch für soziale und planende Berufe. 1. Auflage. Wiesbaden: VS Verlag für Sozialwissenschaften 2007. S.20ff

32 http://www.petra-kelly-stiftung.de/sites/pdf-doku/Budde_Fruechtel_SozialraumorientierteSozialeArbeit_Aufsatz_NDV_Juli2006.pdf, S.5ff (Stand: 09.10.2008)

33 http://www.petra-kelly-stiftung.de/sites/pdf-doku/Budde_Fruechtel_SozialraumorientierteSozialeArbeit_Aufsatz_NDV_Juli2006.pdf, S.9f

Kontinuität ist ein entscheidender Faktor in der Beziehung zwischen Helfern und dem Klientel. Die Berater begleiten die betroffenen Personen ein Stück weit, um ein Vertrauen und eine gewisse Sicherheit in den Veränderungsprozess zu bringen.[34]

Als Methodiken für fallunspezifische Arbeit nennt Prof. Dr. Frank Früchtel unter anderem die Netzwerkarbeit und das Einklinken in Gruppen wie Vereine und Verbände.[35]

(Stand: 09.10.2008)

34 Weißenstein, Regina. Was ist der Kuchen – was ist die Sahne? Zur Rolle der Spezialeinrichtung bei Sozialraumorientiertem Arbeiten. In: EJ 5/1999. S.267ff

35 Früchtel, Frank. Fallunspezifische Arbeit oder: Wie lassen sich Ressourcen mobilisieren. In: Forum Erziehungshilfe. 5Jg., Heft 5 1999, S.304ff

Quellenverzeichnis

Dudenredaktion (Hrsg.): Duden. „Das Fremdwörterbuch". Band 5. 7. Neu bearbeitete und erweitere Auflage. Mannheim/Leipzig/Wien/Zürich: Dudenverlag 2001.

Früchtel, Frank: Fallunspezifische Arbeit oder: Wie lassen sich Ressourcen mobilisieren. In: Forum Erziehungshilfe. 5Jg., Heft 5 1999.

Müller, Wolfgang (Hrsg.): Schülerduden „Bedeutungswörterbuch". Wortbildung und Wortschatz. 2. Auflage. Manneim/Leipzig/Wien/Zürich: Dudenverlag 1986.

Jacobs, Jane: Tod gro?er amerikanischer Städte. In: Die Stadt in der Sozialen Arbeit. Ein Handbuch für soziale und planende Berufe. 1. Auflage. Wiesbaden: VS Verlag für Sozialwissenschaften 2007.

Kant, Immanuel: Kritik der reinen Vernunft. 2. Auflage. Hamburg: Meiner Verlag 1998.

Kessl, Fabian, Christian Reutlinger: (Sozial)Raum - ein Bestimmungsversuch.. In: Sozialraum – eine Einführung. 1. Auflage. Wiesbaden: VS Verlag für Sozialwissenschaften 2007.

Weißenstein, Regina: Was ist der Kuchen – was ist die Sahne? Zur Rolle der Spezialeinrichtung bei Sozialraumorientiertem Arbeiten. In: EJ 5/1999.

Internetquellen:

Deutsches Wörterbuch von Jakob und Wilhelm Grimm:
http://germazope.uni-trier.de/Projects/DWB. Stand: 13.09.2008

Internationaler Bund:
http://www.internationaler-bund.de/ib/index.jsp?contentPage=location/LocationView.jsp?locationID=188
Stand: 09.10.2008

Das Sozialarbeiternetz:
http://sozialarbeitsnetz.de/Soziale-Arbeit-Defin.170.0.html, Stand: 09.10.2008

Sozialraumorientierte Soziale Arbeit – ein Modell zwischen Lebenswelt und Steuerung
Wolfgang Budde & Frank Früchtel
http://www.pctra-kelly-stiftung.de/sites/pdf
doku/Budde_Fruechtel_SozialraumorientierteSozialeArbeit_Aufsatz_NDV_Juli2006.pdf,
Stand: 09.10.2008